CATALOGUE
D'OBJETS D'ART
ET DE CURIOSITÉ,
Porcelaines de Chine et du Japon,

MONTÉES ET NON MONTÉES, DE GRANDE DIMENSION ET DE LA PLUS BELLE QUALITÉ,

Meubles en laque, en marqueterie de Boule et en bois doré, Etoffes de soie, etc.,

TAPISSERIES ANCIENNES
des Manufactures des Gobelins, de Beauvais, de la Savonnerie, d'Aubusson et de Flandre,

DONT LA VENTE AURA LIEU,

HOTEL DES VENTES MOBILIÈRES,
RUE DES JEUNEURS, 16,
SALLE N. 1,

Les Lundi 13 et Mardi 14 Février 1843,
A MIDI,

Par le ministère de M° RIDEL, Commissaire-Priseur, rue Saint-Honoré, 335.

Assisté de M. Roussel, Expert, rue des Saints-Pères, n. 38.

EXPOSITION PUBLIQUE

Le Dimanche 12 Février 1843, de midi à cinq heures.

LE CATALOGUE SE DISTRIBUE

Chez MM. RIDEL, Commissaire-Priseur, rue Saint-Honoré, 335;
ROUSSEL, Expert, rue des Saints-Pères, 38;
PARKER, rue Neuve-des-Capucines, 16.

1843

CONDITIONS DE LA VENTE.

AU COMPTANT.

Les adjudicataires paieront cinq pour cent en sus des enchères, applicables aux frais de vente.

DÉSIGNATION
DES OBJETS.

PREMIÈRE VACATION. — *Lundi* 13 *février* 1843.

1 — Deux grandes et belles bibliothèques du temps de Louis XV, en bois de palissandre avec incrustation de filets de cuivre et enrichies de moulures et d'ornements en cuivre ciselé. Elles ferment à quatre vantaux vitrés et deux portes pleines cintrées aux extrémités.

2 — Un grand meuble à hauteur d'appui, à trois portes pleines en marqueterie de cuivre sur écaille rouge, avec ornements de couleurs. Il est richement orné de cuivre doré.

3 — Une commode en bois de placage, très ancienne, garnie de cuivre.

4 — Très beau guéridon en laque, fond noir à dessins d'or. Le milieu offre un sujet chinois composé d'un grand nombre de personnages.

5 — Une commode en marqueterie de Boule, garnie de cuivre.

6 — Jolie petite table en laque usée, belle qualité ancienne, garniture en cuivre doré.

7 — Grande et belle console avec glace au-dessus, toute en porcelaine de Saxe. La tablette d'une

seule pièce est supportée par un pied formé par deux branches de fruits et de fleurs enlacées et avec animaux. Le cadre de la glace est formé par des branches de fleurs.

Cette pièce, par son volume et la richesse de ses ornements, peut être considérée comme une des plus remarquables sorties de la manufacture de Dresde.

8 — Très grand coffre à dessus ceintré, en vieux laque burgauté de très belle qualité. La garniture est en cuivre doré et le pied en bois découpé à jours.

9 — Grande console en bois doré du temps de Louis XVI; le dessus en marbre blanc.

10 — Jolie petite table en laqué burgautée, très riche de décors.

11 — Six petites chaises en bois sculpté avec garniture de velours de laine rouge.

12 — Six fauteuils gondole en bois doré non garnis, du temps de Louis XV.

13 — Deux très grands vases en porcelaine de Chine, céladon clair, ornés chacun de quatre médaillons représentant des scènes de comédie. Le fond est couvert de fleurs et de papillons émaillés de couleurs vives et variées. Ces vases magnifiques, les plus grands que l'on ait encore apportés en Europe sont remarquables par l'élégance de leur forme et la belle qualité de la porcelaine.

14 — Un grand guéridon à six pans, en bois sculpté et doré. Le pied est formé par un groupe de trois

enfants ; belle pièce de milieu propre à l'ornement d'une galerie.

15 — Deux très grands vases avec couvercles en porcelaine de Chine, belle qualité ancienne, ornés de figures, de fleurs et d'arabesques. Ces vases, d'une beauté remarquable, proviennent de l'Escurial.

16 — Glace à biseaux du temps de Louis XIII, avec cadre riche, sculpté et doré.

17 — Deux beaux vases fond bleu décorés de branches de fleurs blanches faisant relief. Très belle qualité de porcelaine.

18 — Deux idem céladon décorés de dessins camayeux bleus, représentant des personnages et des fleurs.

19 — Deux vases d'une forme très élégante en porcelaine céladon, ornés de trois cercles d'ornements camaïeux bleus; les anses formées par des têtes d'éléphants.

20 — Deux vases forme bouteille, ornés de dessins camaïeux bleus, faisant relief et représentant des personnages et des fleurs.

21 — Deux autres de même forme à dessins blancs faisant relief.

22 — Deux vases en porcelaine bleu turquoise et ornements bleu de roi avec cartels de figures et fleurs ; ils contiennent des lis en cuivre doré faisant candélabres.

23 — Deux vases céladon d'une très jolie forme ornés de dessins camaïeux bleus faisant relief.

24 — Figurine de femme chinoise debout et tenant un

sceptre, en porcelaine de Chine richement décorée.

25 — Deux vases de forme aplatie, porcelaine de Chine ancienne qualité, ornés chacun de quatre médaillons à sujets sur fond quadrillé rouge; les anses sont formées par des animaux chimériques et les couvercles surmontés du chien de Foe.

26 — Deux vases carrés fond jaune, ornés sur chaque face d'un personnage richement costumé, avec des inscriptions en caractères chinois.

27 — Deux très jolis vases à six pans avec couvercles, ornés chacun de six médaillons à sujets, sur fond rouge rehaussé d'or.

28 — Deux tabourets de jardin à six pans, richement décorés de fleurs et de papillons émaillés en couleurs variées.

29 — Deux paires de jardinières avec plateaux, fond bleu, ornées de fleurs dessinées en blanc faisant relief.

30 — Une paire de jardinières céladon à cannelures avec cercles d'ornements bleus sur fond blanc.

31 — Une corbeille en porcelaine de Saxe, supportée par un groupe de deux figures montée en bronze doré.

32 — Deux très jolies coupes rondes en porcelaine de Sèvres, bleu turquoise à médaillons à sujets d'enfants, élégamment montées en cuivre doré.

33 — Grand bol porcelaine de Chine, orné de médaillons à figures, bordure dentelle d'or.

34 — Deux très beaux vases céladon d'une grande richesse d'ornements, rehaussés d'or et émaillés eu couleurs variées.
35 — Deux gros vases forme Potiche avec couvercles fermant à charnières en cuivre, fond vert foncé à ramage de fleurs d'un vert plus clair, très belle et ancienne qualité.
36 — Deux moyens vases à médaillons camayeux bleus, rehaussés d'or, sur fond céladon couvert de fleurs et de papillons émaillés de couleurs variées.
37 — Deux cornets céladon à dessins camayeux bleu.
38 — Grande figure de femme chinoise debout très richement costumée, la tête est mobile. Très belle qualité de porcelaine de Chine.
39 — Deux grands vases céladon entièrement couverts de dessins bleus.
40 — Très grand bassin porcelaine fond blanc à dessins bleus.
41 — Quatre tabourets de jardin en terre émaillée de Chine, vert céladon.
42 — Deux très grandes bouteilles en porcelaine anglaise bleu turquoise, avec monture rocaille en cuivre.
43 — Deux jolis vases, forme bouteille, avec anses, porcelaine céladon, ornés de figures et de fleurs dessinées en bleu et blanc. Belle qualité.
44 — Deux vases, très jolie forme, à dessins blancs et bleus faisant relief; les anses formées par des trompes d'éléphant.
45 — Deux moyens bols, porcelaine de Chine, ornés de figures.

46 — Deux grands plateaux, ronds céladon gaufré. Belle qualité.
47 — Deux plateaux plus petits.
48 — Belle écritoire rocaille, en cuivre doré, ornée d'une belle coquille (haliotide de la Californie) décapée du plus bel effet par la beauté et la variété de ses couleurs.
49 — Deux jolis petits vases, forme bouteille, céladon à dessins bleus.
50 — Plateau rond céladon orné de papillons et de fleurs émaillées en couleur; monté en cuivre doré.
51 — Un plateau plus petit.
52 — Un joli bol, orné de médaillons à figures sur fond rouge rehaussé d'or, avec une riche bordure d'ornements à l'intérieur;
53 — Trois paires de petits vases, céladon de belle qualité avec cercle d'ornements craquelés et à dessins bleus sur fond blanc.
54 — Douze petits plateaux, céladon à bouquets de fleurs et papillons émaillés en couleur.
55 — Deux compotiers carrés, même qualité.
56 — Deux compotiers, carré-long, dito.
57 — Deux compotiers ovales, dito.
58 — Deux jolis vases, forme bouteille; fond bleu à dessins blancs, faisant relief.
59 — Grande paire de vases, fond céladon, ornés de papillons et de fleurs émaillées de couleurs variées.
60 — Grand bol à couvercle, en porcelaine du Japon, très riche de décors.
61 — Un grand bol à couvercle, en porcelaine du Japon, très riche de décors, moins grand.

62 — Deux étagères formées par dix tasses superposées, de grandeurs décroissantes; la monture en cuivre doré.
63 — Deux jolis vases, forme bouteille, fond bleu avec branches de fleurs blanches faisant relief.
64 — Très beau vase, forme bouteille, en céladon craquelé vert, jaspé de bleu. Belle qualité ancienne et des plus rares.
65 — Deux très jolies bouteilles, fond jaune avec branchages de fleurs et oiseaux émaillées en couleurs variées; ces vases sont d'une grande finesse.
66 — Deux vases, céladon, à dessins camaïeux bleus de figures et de fleurs.
67 — Deux vases, céladon, à dessins camaïeux bleus de figures et de fleurs.
68 — Vase de milieu, porcelaine céladon à dessins gauffrés. Belle qualité; monté en cuivre doré.
69 — Belle paire de grands vases, fond bleu, ornés de cercles d'ornements en relief, couleur bronze.
70 — Deux beaux vases à couvercles, à doubles médaillons à sujets, paysages avec jonques, kiosques, etc. Le fond est à damier bleu et blanc rehaussé d'or. Belle qualité de porcelaine.
71 — Deux moyens vases, à dessins en relief colorés et dorés sur fond céladon.
72 — Trois jolis bougeoirs, en porcelaine de Chine, de dessins variés, montés en cuivre doré. Ce lot sera divisé.
73 — Un service de table en porcelaine de Chine, dite Nankin, composé de quarante-quatre grandes assiettes, trente-deux petites, trois grands plats ovales, douze petits dito, six compotiers

ovales, six dito, de formes variées, deux grandes soupières, deux plats creux à couvercles pour entremets, quatre dito carrés avec couvercles, deux saucières à couvercles, un petit bol rond à couvercle et un grand bol carré. En tout cent quinze pièces, décorées richement de dessins camaïeux, couleur rouille, et offrant sur chaque pièce des médaillons à sujets avec entourage de dessins très variés.
Ce service pourra être vendu en un seul lot, ou divisé en plusieurs.

74 — Bel encrier en laque usé, en belle qualité ancienne, monture rocaille très riche en cuivre doré.

75 — Deux vases forme bouteille en porcelaine, fond bleu à dessins d'un bleu plus foncé.

76 — Deux vases plus petits, forme bouteille en porcelaine, de même qualité.

77 — Coffre à ouvrage de dames en laque noir à dessins d'or.

78 — Deux petits vases forme bouteille, céladon semé de fleurs et de papillons émaillés en couleur; monture rocaille en cuivre doré.

79 — Deux cornets de forme cylindrique, ornés de personnages. Ils sont percés d'ouvertures de forme ovale et peuvent servir de lampes.

80 — Deux autres cornets semblables, mais à six pans.

81 — Joli petit vase fond jaune couvert d'ornements de couleurs variées, avec monture rocaille à deux anses en cuivre doré. Très belle qualité de porcelaine.

82 — Un joli vase plus petits, fond jaune couvrt d'ornements de couleurs variées; avec mon-

ture rocaille à deux anses en cuivre doré.
Très belle qualité de porcelaine.

83 — Un petit cornet fond jaune avec ornements de couleurs; monture en cuivre doré.

84 — Une figure de femme chinoise, richement vêtue, assise et tenant un rouleau à la main. Porcelaine très fine.

85 — Deux moyens vases rouge jaspé. Belle qualité.

86 — Deux caisses à bouquets, carrées, richement décorées de fleurs rehaussées d'or.

87 — Deux autres rondes, même qualité.

88 — Six magots en pierre de larre. Ce lot sera divisé.

89 — Un encrier en laque de Chine fond noir à dessins d'or, avec trois godets en porcelaine, et monté en cuivre.

90 — Un grand bol en verre à filigranes rose et blanc.

91 — Vingt-huit morceaux d'étoffe de Chine, en soie brochée, rehaussée d'or, pour garnir quatoze siéges.

92 — Trois pièces en damas cramoisi de l'Inde.

DEUXIÈME VACATION. — 14 février 1813.

Tapisseries anciennes.

1 — Quatre pièces tapisseries de Beauvais, représentant les quatre parties du monde.
Hauteur, 3 m. 30 c.

    1re   5 m.   » c. de larg.
    2e   4   40
    3e   3   45
    4e   4   »

2 — Cinq pièces tapisseries de Flandre : Sujets pastoraux.
Hauteur, 2 m. 60 c.

    1re   5 m.   05 c. de larg.
    2e   2   »
    3e   1   40
    4e   3   10
    5e   5   50

3 — Six pièces tapisseries de Beauvais : Scènes flamandes d'après Téniers.
Hauteur, 3 m. 25 c.

    1re   2 m.   30 c. de larg.
    2e   2   15
    3e   3   80
    4e   2   75
    5e   3   60
    6e   4   65

4 — Trois pièces tapisseries de Beauvais : Paysages.
Hauteur, 2 m. 80 c.

    1re   2 m.   80 c. de larg.
    2e   2   55
    3e   3   80

5 — Deux pièces tapisseries de Beauvais : Paysages.
Hauteur, 2 m. 90 c.
   1re 6 m. 10 c. de larg.
   2e 3 40
6 — Trois pièces tapisseries de Beauvais : Paysages.
Hauteur, 2 m. 90 c.
   1re 5 m. 60 c. de larg.
   2e 1 05
   3e 3 70
7 — Deux pièces tapisseries de Flandre : Paysages.
Hauteur, 2 m. 75 c.
   1re 5 m. » c. de larg.
   2e 3 70
8 — Trois pièces tapisseries de Beauvais : Sujets flamands.
Hauteur, 3 m.
   1re 4 m. » c. de larg.
   2e 5 50
   3e 5 40
9 — Trois pièces tapisseries de Beauvais : Sujets mythologiques.
Hauteur, 3 m.
   1re 2 m. 80 c. de larg.
   2e 4 90
   3e 3 »
10 — Une pièce tapisserie de Beauvais : Entrée triomphale.
Hauteur, 3 m. 60 c. — Largeur, 4 m. 35 c.
11 — Deux pièces tapisseries d'Aubusson : Sujets flamands.
Hauteur, 2 m. 40 c.
   1re 3 m. 30 c. de larg.
   2e 1 05

12 — Deux pièces tapisseries de Flandre : Sujets de chasse.
Hauteur, 2 m. 65 c.
1re 5 m. » c. de larg.
2e 4 50

13 — Une pièce tapisserie de Flandre, représentant Jupiter et Danaé.
Hauteur, 4 m. — Larg., 4 m. 50 c.

14 — Une pièce de tapisserie de Beauvais : Sujet allégorique.
Hauteur, 3 m. 10 c. — Larg., 3 m. 25 c.

15 — Une pièce de tapisserie de Beauvais : Sujet tiré de la Genèse.
Hauteur, 3 m. — Largeur, 3 m. 10 c.

16 — Une pièce tapisserie de Beauvais : Sujet mythologique.
Hauteur, 3 m. 30 c. — Largeur, 3 m. 80 c.

17 — Une pièce tapisserie d'Aubusson.
Hauteur, 2 m. 70 c. — Largeur, 5 m. 60 c.

18 — Une pièce tapisserie d'Aubusson.
Hauteur, 2 m. 60 c. — Largeur, 5 m.

19 — Une pièce tapisserie d'Aubusson : Sujet pastoral.
Hauteur, 2 m. 65 c. — Largeur, 5 m. 20 c.

20 — Une pièce tapisserie de Beauvais : Sujet mythologique.
Hauteur, 3 m. — Largeur, 3 m. 50 c.

21 — Une pièce tapisserie de Flandre : représentant le baptême de Clovis.
Hauteur, 2 m. 80 c. — Largeur, 4 m.

22 — Une pièce tapisserie d'Aubusson : paysage.
   Hauteur 2 m. 60 c., largeur 3 m. 55 c.
23 — Une pièce tapisserie de Beauvais : sujet mythologique.
   Hauteur 3 m. 80 c., largeur 3 m. 25 c.
24 — Une tapisserie de Flandre : sujet flamand.
   Hauteur 2 m. 50 c., largeur 3 m. 70 c.
25 — Une pièce tapisserie de Flandre : sujet flamand.
   Hauteur 2 m. 70 c., largeur 2 m.
26 — Une pièce tapisserie des Gobelins, brochée en argent, représentant Saturne.
   Hauteur 2 m. 90 c., largeur 2 m. 40 c.
27 — Cinq pièces tapisseries des Gobelins : sujets mythologiques.
   1re hauteur 3 m. 40 c., largeur 2 m. 70 c.
   2e   id.,   larg. 1 m. 80 c.
   3e   id.,   larg. 1 m. 90 c.
   4e   id.,   larg. 2 m. 20 c.
   5e   id.,   larg. 2 m. 90 c.
28 — Quatre pièces tapisseries de Beauvais : sujets flamands.
   Hauteur 2 m. 90 c.
   1re   6 m. » c., largeur.
   2e   2 m. 70 c.
   3e   2 m. 90 c.
   4e   2 m. 80 c.
29 — Une pièce tapisserie de Beauvais : paysage avec figures.
   Hauteur 2 m. 90 c., largeur 3 m. 80 c.

30 — Deux pièces tapisseries de Beauvais :
    1re Enlèvement d'Europe, h. 2 m. 90 c.
        l. 2 m. 40 c.
    2e Neptune et Amphitrite, h. 2 m. 90 c.
        l. 2 m. 40 c.
31 — Deux pièces tapisserie de Beauvais : Scènes pastorales.
    Hauteur 3 m. 20 c.
      1re   2 m.   50 c. de larg.
      2e   2   50
32 — Une pièce tapisserie de Beauvais : Amusements champêtres.
    Hauteur 3 m. 40 c. largeur 3 m. 25 c.
33 — Une pièce tapisserie de Beauvais : La chasse aux faucons.
    Hauteur 2 m. 90 c. largeur 8 m. 75 c.
34 — Une pièce tapisserie de Beauvais : Allégorie mythologique.
    Hauteur 3 m. 85 c. largeur 6 m. 60 c.
35 — Une pièce tapisserie de Beauvais : La bohémienne.
    Hauteur 3 m. 20 c. largeur 3 m. 20 c.
36 — Deux pièces tapisserie de Beauvais : Sujets pastoraux.
    Hauteur 3 m. 10 c.
      1re   2 m.   80 c. de larg.
      2e   2   75
37 — Une pièce tapisserie de Beauvais : Sujet pastoral.
    Hauteur, 3 m. 65 c. largeur, 5 m. 70 c.
38 — Trois pièces tapisseries d'Aubusson : Paysage.
    Hauteur, 2 m. 50 c.
      1re   4 m.   30 c. de larg.
      2e   1   80
      3e   4   20

39 — Quatre pièces tapisseries de Beauvais : Sujets flamands.
Hauteur, 2 m. 60 c.
1re 2 m. 90 c. de larg.
2e 1 30
3e 1 90
4e 3 15

40 — Trois pièces tapisseries des Gobelins : Arabesques, fleurs et figures.
Hauteur, 2 m. 10 c.
1re 4 m. 60 c. de larg.
2e 2 80
3e 3 80

41 — Deux pièces tapisseries des Gobelins : Arabesques, fleurs et figures.
Hauteur, 3 m. »
1re 3 m. 05 c. de larg.
2e 2 20

42 — Un fragment de tapisserie des Gobelins.
Hauteur, 3 m. » c. largeur, 1 m. » c.

43 — Un fragment de tapisserie de Beauvais :
Hauteur, 2 m. 70 c. largeur, 1 m. 20 c.

44 — Un fragment de tapisserie de Beauvais : Sujet chevaleresque.
Hauteur, 3 m. largeur, 1 m. 20 c.

45 — Une tapisserie de Beauvais : Sujet historique.
Hauteur, 2 m. 70 c. largeur, 2 m. 80 c.

46 — Une tapisserie de Beauvais : Paysage.
Hauteur, 2 m. 70 c. largeur, 2 m. 50 c.

47 — Une pièce tapisserie de Beauvais : Sujets mythologiques.
Hauteur, 3 m. » largeur, 5 m. »

48. — Trois pièces tapisseries de Beauvais : Sujets mythologiques.
Hauteur, 2 m. 90 c.
      1re   1 m.   80 c. de larg.
      2e   3   20
      3e   4   50

49 — Deux pièces tapisseries de Flandre :
    1re Joseph vendu par ses frères, h. 2 m. 80 c.
    l. 4 m. 50 c.
    2e Suite de l'histoire de Joseph, h. 2 m. 8 c.
    l. 1 m. 40 c.

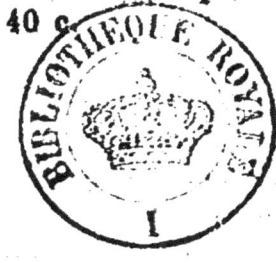

www.ingramcontent.com/pod-product-compliance
Lightning Source LLC
Chambersburg PA
CBHW030112230526
45471CB00003B/1381